AF267176

PERDRE OU SAUVER

LES COLONIES,

VOILA LA QUESTION.

PERDRE OU SAUVER

LES COLONIES,

VOILA LA QUESTION ;

PAR

M. LE COMTE DE SANTO DOMINGO.

Les mortels sont égaux, ce n'est pas *l'épiderme*,
C'est la seule vertu qui fait leur différence.

PARIS,
IMPRIMERIE DE AUGUSTE MIE,
RUE JOQUELET, N° 9.

1831.

PERDRE OU SAUVER

LES COLONIES.

L'époque où les nations, cessant d'être exploitées au profit de quelques individus, pourraient enfin dire : *l'état, c'est nous ;* cette époque, si retardataire au gré des amis de l'humanité, a été saluée par eux aux trois journées de juillet. Mais ce n'est pas en France, ce n'est pas sur le continent européen que cette révolution a fait éclater les plus vifs transports de joie et d'espérance. Dans les îles semées au milieu de l'Océan atlantique, fourmillent des milliers d'individus que la seule couleur de leur peau a déshérités, sous le régime du droit divin, de tous les droits des hommes réunis en société. On a fait peser sur eux, depuis la découverte du nouveau monde, toutes les charges de la civilisation, sans les faire participer à aucun de ses bienfaits. Imploraient-ils la balance de la justice ? ils n'en rencontraient que le glaive ! des tribunaux, plus cruels que ceux de l'inquisition, prononçaient contre eux, sur les soupçons les plus vagues, pour les plus minces délits, d'atroces supplices. Les pourvois en cassation ou en grâce étaient-ils accueillis à Paris? quand la nouvelle en parvenait dans l'île, le bourreau, plus prompt que le navire, avait exécuté l'arrêt. La seule expression du désir d'une amélioration dans leur sort, leur était imputée à crime. Cette assertion n'est point exagérée : quelle âme honnête ne frémit de douleur et d'indignation en se rappelant que telle fut la cause de la condamnation de MM. Bissette, Volny et Fabien! Voyez-les au milieu de nous, assis à nos banquets patriotiques, objets de la plus cordiale fraternité, ces infortunés portant l'empreinte du fer qui n'a flétri que leurs juges. Ces mêmes hommes, qui se sont battus avec un courage héroïque dans les journées des barricades, ont la poitrine décorée de la croix de juillet, tandis que leurs épaules....... Hâtez-vous, législateurs, d'effacer de nos codes une peine contre laquelle déposent de tels argumens. Si quelque chose peut ajouter aux réflexions qu'un tel spectacle suggère au moraliste, c'est de lire le mémoire où l'une des victimes de la férocité coloniale réclame pour ses frères une partie de nos droits civils et politiques. (1) Il y règne

---

(1) Mémoire au ministre de la marine et des colonies et à la commission de législation coloniale, par M. Bissette.— Paris, chez Auguste Mie, rue Jocquelet, n° 9.

un ton de modération, d'absence de tout ressentiment, que ne saurait inspirer le tact le plus exquis des convenances, et qui ne peut avoir sa source que dans un cœur infiniment généreux et dans l'âme la plus élevée.

C'est donc à un blanc, dont la main a, plus d'une fois, pressé aux colonies une main noire, qu'il appartient de plaider, à voix haute, la cause des hommes de couleur. Depuis trois siècles, ils attendent l'existence civile et politique : chaque nouveau retard que l'on apporte à les en faire jouir, est un attentat contre l'humanité et une violation flagrante du grand principe de la souveraineté du peuple, proclamé par la révolution de juillet. A la nouvelle de ce grand événement, les hommes de couleur, après s'être comptés, se sont écriés : *Et nous aussi, nous sommes peuple !*

La restauration, dont les effors tendaient à enrayer la civilisation et à construire l'avenir avec les ruines du passé, n'avait pu toutefois se soustraire à l'impérieuse nécessité d'apporter quelques changemens aux institutions qui régissent les colonies ; mais les faibles améliorations qu'elle accordait, de guerre lasse, à la conscience publique, ne présentaient aucun caractère de stabilité. Etablies par des ordonnances au mépris de l'article 73 de la Charte de 1814, des ordonnances nouvelles pouvaient les faire disparaître ; le bon ou le mauvais vouloir d'un ministre irresponsable décidait du sort de nombreuses populations placées à plus de 3,000 lieues de la métropole. Un tel état de choses a cessé. La Charte de 1830 a ouvert une large porte à tous les perfectionnemens que réclame l'état moral et politique des diverses agrégations d'individus dont l'ensemble compose la grande famille française. En déclarant par l'article 64 que les *colonies sont régies par des lois*, elle a déclaré implicitement que le régime des ordonnances, auxquelles elles sont encore soumises, est un régime essentiellement provisoire; que les codes informes, hétérogènes et barbares qui sont en vigueur dans nos possessions d'outre-mer seront abrogés; que l'égalité sera substituée au privilège; que tous les hommes libres jouiront des mêmes droits civils et politiques, sans distinction d'origine et de couleur; que l'affranchissement et le retour à la liberté rendus plus faciles, feront disparaître insensiblement et sans secousse la lèpre de l'esclavage, en un mot, que la sagesse et l'humanité du législateur seront substituées à l'arbitraire ministériel.

L'aristocratie dès planteurs, imbue du double préjugé des parchemins et de l'épiderme, a tellement senti qu'une réforme radicale dans les institutions des colonies était une conséquence nécessaire de la révolution de juillet, qu'elle s'est efforcée de prendre les devans, et, sous prétexte de faire quelques concessions à l'esprit du siècle, de se montrer docile à la voix de la justice et de l'humanité, elle ne tend qu'à perpétuer l'abus de ses odieux priviléges, à en rendre le joug plus dur et plus accablant ; elle veut que la liberté soit pour elle une alliée plus utile que le despotisme, et rive les fers de l'esclavage.

Écoutons ses vœux :

Elle demande une représentation locale qui soit appelée à voter non seulement le budjet, mais encore toutes les lois de régime intérieur (1).

Des assemblées législatives dans nos possessions d'outre - mer seraient l'innovation la plus dangereuse qu'on pût y introduire. La population libre y est divisée en deux classes, dont l'une est accoutumée à considérer l'autre comme tenant un rang inférieur dans l'échelle de la création, et ne jouissant de la liberté que par tolérance. Les blancs, *par cela seul qu'ils sont blancs,* croient avoir droit à des avantages sociaux auxquels les hommes de couleur ne sauraient prétendre sans une coupable insolence. Il faut avoir habité les colonies et vécu dans la familiarité des

---

(1) *Quelques réflexions sur les Colonies,* par Alexandre Foignet, pag. 33 ; *Observations sur les Antilles françaises,* par A. de Lacharière, délégués des colons de la Guadeloupe.

planteurs, pour apprécier la force de cet étrange préjugé. Il en résulte que l'orgueil, la dureté et l'oppression des uns fomente le mécontentement et l'irritation des autres, et que les blancs et les hommes de couleur sont relativement dans une position analogue à celle où la noblesse et le tiers-état se trouvaient en France avant la révolution de 89. Et c'est en présence d'une population ainsi divisée, avec de tels fermens de discorde et d'anarchie, qu'on voudrait doter nos colonies d'assemblées législatives! Qu'arriverait-il? ou les blancs auraient seuls le privilége de nommer les membres de ces assemblées, ou les hommes de couleur libres concourraient avec eux à cette nomination. Dans le premier cas, on verrait décorés du nom de lois, des décrets en opposition avec les premiers principes de la justice, insultans pour l'humanité, attentatoires aux droits acquis des hommes de couleur libres, qui, se voyant refoulés vers une condition voisine de l'esclavage, n'auraient d'autre alternative que de fuir leur patrie, ou de s'insurger contre leurs oppresseurs. Dans le second cas, ces assemblées se scinderaient en deux factions acharnées l'une contre l'autre, et dont les discussions orageuses iraient retentir jusque sous la hutte de l'esclave. La population se partagerait elle-même en deux camps ennemis, jusqu'à ce que la portion la plus forte et la plus nombreuse eût anéanti l'autre, comme l'aristocratie fut anéantie par le tiers-état en 89.

La question ne se présente plus dans les termes d'une théorie abstraite ; elle est jugée par les faits. Dans les colonies anglaises où il appartient au gouvernement de la métropole d'arrêter toutes les mesures de régime intérieur, où l'égalité des droits civils et politiques et l'admission des hommes de couleur aux emplois publics ont été introduites, ces établissemens se font remarquer par le calme et le bien-être dont ils jouissent, et par une prospérité toujours croissante. Nous citerons, entr'autres, Ste.-Lucie, voisine de la Martinique. La Jamaïque, au contraire, qui possède une assemblée législative, est agitée par de fréquentes insurrections et travaillée par un malaise continu. L'illustre *Canning*, dénonçant au parlement d'Angleterre (séance de la chambre des Communes, du 17 mars 1824) l'opposition des colons de la Jamaïque aux mesures bienfaisantes de la métropole envers la population esclave, s'exprimait dans les termes suivans : « *Si le gouvernement avait pu en éprouver quelque courroux, cette conduite ne manquerait pas d'offrir des motifs pour recourir à des mesures de rigueur. Mais l'emploi de la force réduirait les colons rebelles en atômes... Ces mesures n'ob-*

tiendront pas la gloire d'une querelle. Je ne veux pas les admettre à l'honneur de la lutte. Quos ego... sed motos præstat componere fluctus. *Une insurrection pour la liberté du fouet et pour le maintien d'un privilége ! En ne sévissant pas contre eux, mais en accordant aux opprimés une bonne justice et des garanties pour l'avenir, les colons quitteront ce langage hautain et retomberont dans l'esclavage de la raison.* L'aveugle obstination des colons de la Jamaïque forcera bientôt le gouvernement britannique à recourir à des moyens extrà - légaux pour les sauver des malheurs dont ils sont menacés. Puisque nous voulons constituer nos colonies sur des bases nouvelles, n'allons pas nous créer des difficultés pour l'avenir, et n'imitons pas les Anglais précisément en ce qu'ils ont de mauvais.

Nous venons de signaler le danger qu'il y aurait de créer des assemblées législatives dans nos possessions d'outre-mer. Ce qui nous rassure, c'est que, fort heureusement, cette innovation est impossible, parce qu'elle serait manifestement contraire à la Charte.

L'art. 64 porte : *les colonies sont régies par des lois particulières :* c'est dire implicitement qu'elles sont sous la tutelle et le haut patronage de la métropole, et que celle-ci, étrangère aux intérêts, aux passions et aux préjugés qui di-

visent les différentes classes de nos possessions
d'outre-mer, est mieux en état, et a seule le
droit de juger les vœux et les besoins réels de
chacune de ces classes, de concilier leurs
exigences, de mettre les lois d'accord avec
les mœurs nouvelles, et les progrès de la civilisation, en un mot, de préparer l'émancipa-
tion absolue de nos colonies, en les laissant
grandir, long-temps encore, à l'ombre de sa sagesse et de sa puissance. *Les colonies sont régies
par des lois :* les lois sont les actes du pouvoir
législatif; or, qui est investi de ce pouvoir?
l'art. 14 de la Charte nous l'apprend : *la puissance législative s'exerce collectivement par le
Roi, la chambre des pairs et la chambre des
députés.* C'est donc à cette triple volonté, au
concours de ces trois pouvoirs suprêmes de l'é-
tat, que la Charte a remis les destinées de nos
colonies. Prétendrait-on que le Roi et les deux
chambres peuvent abdiquer leur puissance, ou
la déléguer à qui bon leur semble, à une assemblée coloniale, par exemple? La seule position
de la question en démontre l'absurdité. On ne
délègue pas un pouvoir dont on n'est saisi que
pour l'exercer soi-même (1). Tenons donc pour
constant, que des assemblées législatives, dans
nos possessions d'outre-mer, seraient inconstitu-

---

(1) M. Bérenger, rapport sur le projet de la Pairie.

tionnelles, que leur existence impliquerait une violation formelle de la Charte.

A défaut d'assemblées législatives, qu'ils savent bien ne pouvoir leur être accordées, les colons demandent que leurs représentans soient admis au sein de la chambre des députés. Je ne puis comprendre l'utilité de cette mesure; je ne suis frappé que de ses inconvéniens.

Des délégués des colonies auprès du Gouvernement de la métropole, choisis de telle sorte, dans l'une et l'autre couleur, qu'ils expriment les vœux et les besoins de la majorité de la population libre, exerceront la même influence, et obtiendront des résultats aussi satisfaisans que s'ils siégeaient sur les bancs de la chambre des députés. Leurs relations avec les membres les plus éclairés des chambres, la juste déférence que le Gouvernement aura pour leur avis, l'appui qu'ils trouveront dans la presse indépendante, les appels qu'ils feront eux-mêmes avec mesure et opportunité à l'opinion publique, tous ces moyens concourront à assurer le succès de leur mission. Vainement voudrait-on comparer les colonies à des départemens détachés de la France continentale, à la Corse, par exemple? La Corse n'est qu'à trente cinq lieues de nos côtes : elle est soumise à nos lois, à notre système d'administration. Les colonies, au contraire, séparées de la métropole par des distances immenses, sont régies, depuis leur fondation, par des réglemens exceptionnels et particuliers. La liberté y vit en paix avec l'esclavage. La population libre, qui est loin de former un tout homogène, a ses intérêts à part : ses préjugés, ses vœux, ses besoins différent des nôtres. Ces considérations suffisent pour faire ressortir tout ce qu'il y aurait d'irrationnel, j'allais presque dire d'absurde, à admettre les représentans des colonies dans nos chambres législatives. Sur quoi délibéreraient-ils? Venus de par de là l'Océan, ne seraient-ils pas incapables d'apprécier les réformes et les améliorations nécessitées par l'état moral, et politique de la métropole? privés des élémens propres à former leur conviction et à éclairer leur conscience, oseraient-ils s'aventurer dans ces discussions graves et solennelles, dont dépendent souvent le repos, l'honneur et la prospérité de la France? tout au plus pourraient-ils émettre d'utiles avis sur les questions coloniales, qui ne se présentent qu'une ou deux fois dans le cours d'une session.

Qu'adviendrait-il si le Roi ordonnait la dissolution de la chambre des députés? aux termes de l'art. 42 de la charte, il devrait en convoquer une nouvelle dans le délai de trois mois. Eh bien! ce court période ne suffirait même pas pour que l'ordonnance de dissolution arrivât dans quelques unes de nos colonies. La nouvelle législature serait donc forcément tronquée, mutilée, et ses actes n'auraient pas ce caractère d'universalité qui est de leur essence.

On cite les États-Unis d'Amérique, et l'on dit que les États où l'esclavage existe envoient des députés à la chambre des communes aussi bien que les États où tous les hommes sont libres. Mais il n'y a pas la moindre analogie entre ces États à esclaves et nos colonies : celles-ci sont situées à deux et trois mille lieux de la métropole, tandis que les États-Unis sont contigus les uns aux autres, et forment un tout conpact dont les extrémités reçoivent presque instantanément le mouvement parti du centre.

J'ai combattu quelques unes des idées favorites de l'aristocratie coloniale, celles dont l'adoption aménerait infailliblement la ruine de nos possessions d'outre-mer. Je vais signaler maintenant les réformes radicales qu'il est urgent d'opérer dans notre système colonial. De nouvelles mœurs ont fait naître de nouveaux besoins. Il faut porter la cognée dans cette forêt d'abus, dont l'existence n'est pas sans danger pour ceux-là mêmes qui en profitent. C'est à la France de lancer ses colonies dans la voie des améliorations progressives, et de les entraîner dans son mouvement de civilisation, comme une planète entraîne ses satellites dans sa sphère d'activité.

L'art. 6 de l'ordonnance du 9 février 1827 est ainsi conçu : *Le conseil général donne annuellement son avis sur les budjets et sur les comptes des recettes et des dépenses coloniales et municipales, et fait connaître les besoins et les vœux de la colonie.*

Arrêtons-nous au mode suivi pour la formation de ce conseil.

Aux termes de l'ordonnance précitée, le Roi nomme les membres du conseil et leurs suppléans sur une liste double de candidats présentés par les conseils municipaux.

Les conditions de candidature sont :

1° d'être âgé de 30 ans révolus ;

2° d'être né dans la colonie, ou d'y être domicilié depuis 5 ans ;

3° d'être propriétaire de terre, et de recenser quarante esclaves, ou de payer *trois cents francs d'impôts*, de contributions directes, non compris l'impôt municipal, ou de payer patente de négociant de première ou de deuxième classe.

Il semblerait que l'ordonnance ne distinguant pas entre les blancs et les hommes de couleur, aucune distinction ne devrait exister entr'eux dans l'application ; mais ce n'est pas ainsi qu'on entend les principes au-delà des mers. Jamais les hommes de couleur ne peuvent devenir candidats, et l'on est forcé de convenir que l'incurie du gouvernement de la métropole et la faiblesse ou la complicité des autorités locales favorisent merveilleusement cette exclusion inique et révoltante? L'ordonnance porte que les candidats sont présentés par les conseils municipaux. Il était logique qu'elle réglât d'abord l'organisation de ces conseils, qui n'existent pas dans nos plus importantes colonies, à la Guadeloupe et à la Martinique, par exemple. La nomination des candidats y est dévolue aux officiers de milice, et les colons seuls peuvent être promus aux grades d'officiers. Croirait-on qu'on ne permet pas aux hommes de couleur de payer des patentes de 1re et 2e classe? C'est de l'arbitraire, me dira-t-on : et qui en doute? Si l'arbitraire était chassé du continent, il trouverait un refuge assuré dans nos colonies. C'est une plante vivace qui couvre le sol des Antilles, et qu'on ne parviendra à extirper qu'avec une volonté forte et persévérante.

Si l'on veut enfin améliorer l'état des colonies, il faut entrer franchement dans les larges voies du système électoral ; et ne pas se laisser arrêter ni émouvoir par les clameurs hypocrites et intéressées de l'oligarchie des planteurs. Rien de plus immoral et de plus dangereux que de paraître donner d'une main pour retenir de l'autre. C'est ce qui arriverait, si l'on mettait à l'exercice des droits politiques des conditions de fortune tellement élevées, que les hommes de couleur en fussent privés par le fait. Le pouvoir se perpétuant ainsi dans les mains des planteurs, leur tyrannie serait d'autant plus intolérable, qu'elle se couvrirait du manteau de la légalité.

Le conseil-général devant être électif, les colons demandent que le cens électoral soit porté à 400 f., et celui d'éligibilité à 800 fr. Si de pareilles bases étaient adoptées, autant vaudrait décréter que les planteurs seuls jouiront de l'exercice des droits politiques aux colonies : par là on marcherait droit au but, au lieu d'y arriver par des chemins couverts et tortueux. Les hommes de couleur qui ont fait preuve jusqu'à ce jour de tant de modération et de longanimité, se voyant sans espoir et traités en *Parias*, ne prendraient plus conseil que d'eux-mêmes et de la nécessité. On verrait bientôt le second acte du drame de Saint-Domingue. Quoi! sous Charles X, il suffisait aux colonies d'un cens de 3oo fr. pour être éligible, et sous Louis-Philippe on exigerait un cens de 8oo fr.! La chambre des députés de France,

qui s'occupe des intérêts généraux du pays, a ré-
duit le cens à 200 et à 500 fr., et aux colonies, où
le conseil-général ne doit que voter le budget
et proposer des améliorations, on oserait élever
le cens à 400 et 800 fr.? Cette proposition est
d'autant plus inadmissible, que les fortunes des
colonies sont incontestablement plus modiques
que celles de France. Le conseil-général ne sera
l'organe des besoins réels de nos possessions
d'outre-mer que lorsque le cens y aura été ré-
duit, pour l'électeur et pour l'éligible, à la moi-
tié de celui de la Métropole. *Dans ce cas, bien
que la majorité du conseil soit assurée aux
blancs, les hommes de couleur, du moins, n'en
seraient pas exclus.*

On sentira d'autant plus la nécessité de ré-
duire le cens aux colonies, qu'il donnera pro-
bablement ouverture à des droits sociaux d'une
grande importance, tels que d'être juré, con-
seiller municipal, etc. S'il fallait payer un cens,
de 400 fr. pour faire partie du jury, les hommes
de couleur en seraient presque tous écartés. Cette
salutaire institution leur serait plus funeste qu'u-
tile, puisqu'au lieu d'être jugés par leurs pairs,
ils le seraient par leurs plus implacables ennemis. Ils trouveraient plus de garantie d'impartia-
lité dans des tribunaux spéciaux.

On pouvait se flatter qu'un cens modique, en

harmonie avec les fortunes des colonies, serait adopté par la commission chargée de préparer le travail qui doit être soumis aux chambres. Les membres qui la composaient permettaient d'espérer que ce travail serait favorable aux colonies. Voilà que, tout-à-coup, deux membres éclairés et consciencieux sortent de la Commission et sont remplacés par deux magistrats, notoirement dévoués à l'aristocratie des planteurs. L'un d'eux est le chef du parquet de la Martinique, parquet dont on connaît les sanglantes rigueurs. Quant à l'autre qui fut envoyé à la Martinique en qualité de commissaire de justice, et qui en fut si honorablement chassé par les Colons pour l'appui qu'il prêtait aux réclamations des hommes de couleur, son opiniâtreté à combattre les améliorations proposées laisserait croire qu'il n'est pas de sacrifices qui lui coûtent pour se concilier la bienveillance de ses anciens adversaires. On dit que les prétendues connaissances locales de ces deux nouveaux membres, leur ont donné un tel ascendant sur leurs collégues, que le premier projet de loi a été entièrement dénaturé.

Les chambres auront à fixer les circonscriptions électorales et le nombre de députés que chaque localité devra envoyer au conseil-général. C'est un point essentiel sur lequel j'appelle toute leur attention. Les villes ont été jus-

qu'à ce jour en dehors du droit commun ;
elles ne comptent pas un seul représentant dans
le conseil, et cependant la population libre y
est incomparablement plus riche et plus nombreuse que dans les campagnes. A la Guadeloupe
et à la Martinique, les villes contiennent plus des
deux tiers de la population libre : il est donc
juste et rationnel qu'elles envoient au conseil-
général les deux tiers des représentans. C'est
dans les villes que se trouvent les fortunes les
plus réelles et les plus solides, parce que la loi
y prête force aux transactions commerciales et
que chacun est tenu, dans sa personne et dans
ses biens, de remplir ses engagemens. Les planteurs, au contraire, ne sont souvent que les
propriétaires apparens de leurs magnifiques habitations. Ils sont, pour la plupart, chargés de
dettes, et opposent constamment, aux réclamations de leurs créanciers, la loi monstrueuse qui,
pour eux seuls, interdit l'expropriation. Les
chambres doivent d'autant moins balancer à ac-
corder aux villes une forte part dans la représentation coloniale, qu'elles sont peuplées de négocians et d'industriels venus de la Métropole : ces
villes sont éminemment françaises et dévouées
aux intérêts de la mère-patrie, tandis que, dans
les campagnes, l'anglomanie est passée dans les
mœurs. Cela s'explique aisément : presque tous

les planteurs émigrèrent en 93 et restèrent chez les Anglais jusqu'à la paix d'Amiens. C'est chez eux que s'ourdissent, en temps de guerre, ces intrigues et ces machinations qui ont pour but de livrer les colonies à l'Angleterre. Au reste, cette différence dans l'esprit des villes et des campagnes et si connue que je crois inutile d'insister davantage sur ce point.

Une des dispositions législatives que les Colons ont fort à cœur de voir adopter, est celle qui établirait une ligne de démarcation entre les hommes nés libres et les affranchis, en privant ceux-ci de l'exercice des droits politiques. Par-là les uns auraient une liberté entière, et les autres une quasi-liberté; ces derniers cependant se recommandent à la sollicitude du législateur par les motifs mêmes qui les ont fait sortir de l'esclavage. Cette prétention des Colons est un piège, car, d'une part, aucune bonne raison ne milite en faveur de cette distinction; de l'autre, elle tend visiblement à mettre ces deux classes d'hommes dans un état permanent de rivalité et partant d'hostilité, afin d'accroître l'influence aristocratique des blancs, d'après le principe *divide ut impera*. Ainsi, que la liberté soit un don de la naissance, qu'elle soit la récompense de la moralité ou de l'intelligence de l'individu, tous ceux qui la possèdent doivent être égaux devant la loi.

Un des priviléges auxquels les colons attachent une haute importance, c'est que le Gouvernement choisisse parmi eux, et sans les rétribuer, tous les magistrats chargés de rendre la justice aux îles. Il y a dans cette prétention une ingénuité d'arbitraire, une bonhommie de cruauté qui feraient sourire de pitié, si elles ne provoquaient un frémissement d'indignation. Quoi? ces mêmes hommes, qui ont tout récemment épouvanté la vieille Europe par des condamnations à la Torquemada, eux dont la féroce iniquité indigna tellement un bourreau nègre, qu'il aima mieux se couper la main, que de la souiller en exécutant leur sentence; eux, sur le front desquels est écrite la condamnation de MM. Volny, Fabien et Bissette, ce sont eux qui, dans des causes identiques, contre la même classe d'individus en butte à leurs impitoyables préjugés, continueraient à prononcer des arrêts! continueraient... hélas! oui, le *Courrier-Français* du 5 septembre rapporte que M. Dessalles, juge dans l'affaire Bissette, a fait fouetter par le bourreau, au pied de la potence où venaient d'expirer cinq condamnés, une jeune esclave coupable d'avoir chanté *la Parisienne*. Son pourvoi en grâce avait été accueilli, mais le zèle de ce procureur-général ne lui permit pas d'en attendre la nouvelle. De telles horreurs se passent aujourd'hui dans nos colonies, et nous osons faire le procès aux nations barbares !

Ces faits sont surabondans pour démontrer que l'intérêt de l'humanité exige qu'il n'entre aucun créole dans la composition des tribunaux des colonies. Tous les membres de l'ordre judiciaire, convenablement rétribués *et pour cause*, doivent, pendant de longues années encore, être choisis en France. Il est même nécessaire de les renouveler assez souvent afin qu'ils ne puissent s'identifier avec les blancs et partager leurs préjugés. Alors seulement on pourra espérer d'avoir de véritables organes de la loi, au lieu d'instrumens à condamnation.

Les changemens réclamés ci-dessus sont indispensables, non pour satisfaire à tous les vœux des hommes de couleur, mais pour répondre à leur premier besoin, et faire disparaître ce reflet d'esclavage qui, malgré leur qualité d'hommes libres, flétrit leur existence.

Quelque restreintes que soient ces justes réclamations, bien que les conjonctures actuelles commandent impérieusement d'y faire droit sans délai, les colons, s'ils en étaient les arbitres, les repousseraient avec dédain ; à leurs yeux, l'équité s'éclipse devant la légitimité des abus. Ecoutez-les : toutes les perturbations survenues aux îles viennent de ce qu'on ne réprime pas assez les prétentions des *mulâtres*; semblables au médecin qui, en tuant ses malades à force de saignées et d'eau chaude, soutenait qu'ils n'étaient ni assez abreuvés, ni assez saignés. Eh bien! puisque sur le sujet en question, la porte de l'humanité et de la justice est fermée chez la presque totalité des colons, frappons à une autre porte. J'ai vécu six ans à la Martinique; six jours suffisent pour s'apercevoir que les hommes de couleur libres, créés par les deux castes blanche et noire, forment une barrière naturelle contre les tentatives de celle qui, en secouant ses fers, tourne ses regards vers Saint-Domingue. Les hommes de couleur libres sont portés par leur instinct à faire cause commune avec les blancs, leurs pères, pourvu que cette paternité ne ressemble pas à celle de Saturne : mais si après leur avoir donné la vie organique, elle leur dénie l'existence civile et politique, si elle fait peser sur eux tous les genres possibles d'exhérédation, leur longanimité se fatiguera; alors....... Mon oncle paternel ne crut pas à de semblables avertissemens; la révolution de Saint-Domingue éclata, il entendit ses nègres s'écrier : *notre tour est venu!* à l'instant il cessa de vivre.

Non, quoiqu'ils fassent, les blancs ne peuvent éviter l'inévitable alternative d'avoir les hommes de couleur libres ou pour amis ou pour ennemis. Prétendre les clouer à leur place actuelle qui, sans les ravaler au niveau des esclaves, les tient au-dessous des blancs, n'est plus aujourd'hui que la chimère d'hommes sans mémoire et sans prévision : il faut donc se hâter d'opérer cette alliance, seule capable de contrebalancer la force numérique des esclaves. C'est une question vitale ; que la chambre des députés se le persuade bien. Oui, sans cette fusion, plus indispensable peut-être à l'aristocratie coloniale qu'aux hommes de couleur, tout est fluctuation et danger ; avec cette fusion, tout est stable, et l'avenir des colonies est assuré.

DES ESCLAVES.

Le langage peut décrire les iniquités qui pèsent sur les hommes de couleur libres, mais où trouver des termes qui donnent une idée exacte du sort des esclaves à l'européen qui n'a point visité les colonies ; concevra-t-il, par exemple, que la qualification la plus injurieuse pour un colon est celle d'*ami des nègres?* Aimer les chiens, les chevaux, les bêtes en général, c'est l'indice d'un bon naturel, il avoue ce genre d'affection ; mais les nègres, fi donc! des peaux noires! est-ce qu'il les estime moins que les bêtes? il ne le dit pas explicitement, il s'indigne qu'ils aient la prétention d'être des hommes. Pourquoi? parce qu'ils ont la peau noire. Toutefois cet honnête colon n'a pas la même antipathie pour la peau des négresses : il se compose un sérail de toutes celles qui sont un peu jolies ; le jour, il les fait travailler sous le fouet ; la nuit, il leur fait des enfans, dont sa femme prend soin dans leur bas âge ; ces enfans naissent esclaves, il les vend selon son bon plaisir, ou les échange pour des mulets, ou les garde pour exploiter ses plantations.

Tout cela semble si naturel aux colonies, j'allais dire si reçu, que personne ne s'en formalise. En fait de dissolution de mœurs, le scandale est, comme à Rome, impossible. Les esclaves sont donc aux yeux du colon une espèce de bétail à deux pieds dont la seule importance consiste dans l'argent qu'il représente ; aussi les voit-il périr avec indifférence par les supplices, attendu que le gouvernement *lui paie par tête d'esclave une indemnité de 2,000 fr.* Sans cette indemnité, la plus grande partie de ces malheureux, qui ont été condamnés sans preuves, auraient échappé à la mort. Leurs maîtres, intéressés à conserver en cux de vivans capitaux, se seraient évertués à les défendre, au lieu de les abandonner sans avocats à la merci de juges qui fondent leur popularité sur des condamnations capitales. Pour obtenir cette prime de meurtres juridiques, le blanc va peut-être jusqu'à solliciter la condamnation des infirmes et des vieillards qui lui sont à charge. Qu'on abolisse donc sans retard cette indemnité d'antropophages; si l'esclave mérite la mort, on rend service à son maître en le délivrant d'un criminel; innocent, qu'on le lui rende. Dans aucun cas, il n'a droit à une indemnité; c'est assez pour lui de spéculer sur la vie d'un homme, il ne doit pas spéculer sur sa mort.

Un abus plus coupable encore qui frappe une plus grande masse d'individus et paralyse les tentatives d'améliorations dans le sort des esclaves, c'est l'infâme traite proscrite en théorie, mais non dans la pratique. Il s'en va temps que la métropole songe à prêter force à la loi contre ce trafic. Qu'on prenne seulement pour le réprimer la centième partie des mesures employées à effectuer la recette des droits-réunis. Est-ce donc seulement lorsqu'il s'agit d'impôts que le gouvernement fait exécuter les lois? Le colon ne mettra en pratique les moyens conservateurs de la vie de ses esclaves que lorsqu'il ne pourra plus les recruter par les enlèvemens d'A-

frique : jusque-là, il ne craindra pas de les sur—
charger de travail et de faire sur eux toutes sortes
d'expériences destructives de leur santé et de
leur repos.

Un bon système d'administration chez les plan—
teurs doit élever le chiffre des naissances au-dessus
du chiffre des décès; à la Martinique, j'ai été témoin
de ce résultat sur l'habitation de M. Dubuc Duf—
féret, objet de la critique de ses voisins, parce
qu'il traitait ses nègres avec humanité. Qu'on
juge des cruels abus qui règnent sur la presque
totalité des habitations, puisque, malgré les
achats continuels de Noirs, les naissances ne
couvrent pas les décès. Pour parvenir à l'extir—
pation de la traite, il faut avant tout envoyer aux
Iles des gouverneurs qui ne craignent pas de
déplaire à l'aristocratie des colons. Cette caste
forme une espèce de pairie, conservatrice ja—
louse de tous les anciens abus. Jusqu'ici, elle a
été en possession de gouverner les gouverneurs,
et de faire rappeler ceux qui ne caressaient pas
ses préjugés. Voilà pourquoi ces fonctionnaires
ont toujours fermé les yeux sur les trop nom—
breuses infractions à la loi prohibitive de la traite.
Il suffit à un bon gouverneur d'une ferme volonté,
pour assurer l'exécution de cette loi. Entre mille
expédiens, il s'en présente deux à mon esprit :
ce serait d'abord de faire inspecter les ateliers

des planteurs ; on s'apercevrait à l'instant des augmentations produites par les achats prohibés ; ensuite il faudrait qu'une loi frappât de peines sévères les colons délinquans. Je vois dans les navires négriers les voleurs immédiats de cette chair humaine, et dans les colons des recéleurs, des acheteurs qui encouragent cet odieux commerce : quels sont les plus coupables ?

La tâche des gouverneurs leur deviendra bien facile, si la France décrète enfin le droit de visite réciproque entre les navires de nations différentes. L'Angleterre, qui a eu l'honneur de donner l'exemple de l'abolition de la Traite, offrit plus d'une fois au gouvernement français et réclama de lui ce droit de visite ; et qu'on ne dise pas qu'il y aurait une espèce d'humiliation pour la marine française à subir cette inspection, quand la marine en possession du trident de Neptune s'y soumet elle-même ? Les résultats de cette mesure seraient immenses, elle arrêterait à l'instant le départ des navires armés pour ce commerce inhumain, et elle frapperait de mort toutes les spéculations de ce genre. La restauration, qui restaurait tous les abus, a bien pu ajourner la franche abolition de la Traite ; mais, après la révolution de juillet, la France doit suivre d'autres erremens.

Les colons s'arrogent droit de vie et de mort

sur leurs esclaves. Pendant mon séjour à la Martinique, j'ai eu sous les yeux d'effroyables exemples de cette horreur. Quelques uns les expédiaient à coups de fusils; d'autres les faisaient mourir de faim; une femme, un monstre femelle, que j'ai connue, fit murer le cachot où elle avait jeté un nègre condamné par elle à périr d'inanition; après vingt jours, ayant besoin de ce cachot, elle le fit ouvrir, sa victime respirait encore, elle s'était nourrie de ses excrémens! Son bourreau, plus surpris que touché, lui permit de vivre. Une autre femme, distinguée par son esprit et l'élégance de ses manières, *que j'ai connue aussi*, poussa plus loin encore la barbarie, *elle fit écarteler ses Nègres par des bœufs.* Tous ces actes de sanglante tyrannie, trop souvent répétés, n'empêchent pas les Colons de soutenir avec colère que les paysans de France doivent porter envie au sort de leurs Nègres. Quel bonheur pour ceux-ci, disent-ils, d'avoir été enlevés d'Afrique! Ainsi on les a soustraits à la vengeance homicide de leurs ennemis, *et on les a baptisés.* Si vous réfutez cette étrange dialectique, en faisant observer que la Traite n'a d'autre conséquence, en Afrique, que d'occasionner des guerres entre les peuplades qui doivent spéculer sur la vente de leurs prisonniers, le Colon indigné vous tourne le dos avec mépris, et vous qualifie de *Négrophile.*

Telle est la bonne nature du Nègre, qu'ayant sous la main mille moyens de vengeance, la terre lui présentant toute sorte de poisons, il aime mieux se suicider que de porter atteinte à la vie de ses oppresseurs.

Toutes les têtes et tous les cœurs bien organisés sentent que l'Esclavage jure avec les lumières actuelles de la civilisation : toutefois, comme le bien ne s'improvise pas aussi facilement que le mal, l'Esclavage ne peut être aboli tout-à-coup, mais on doit l'éteindre graduellement. On obtiendra ce résultat, à l'extérieur, par l'abolition radicale de la Traite; dans l'intérieur des Colonies, en traitant les Esclaves avec quelque humanité. Que demandent-ils? d'être bien nourris, bien vêtus, de n'être pas contraints à un travail au-dessus de leurs forces, ni soumis au supplice atroce du fouet, en un mot, de jouir du droit dont jouissent les Esclaves blancs chez les puissances Barbaresques, celui de se racheter moyennant rançon. Mais comment punira-t-on l'esclave délinquant? Que le maître choisisse parmi ses vieux Nègres les meilleurs sujets; qu'il en compose une espèce de jury qui prononcera la sentence : le coupable subira avec résignation une peine infligée par ses pairs; si son maître la commue, il s'attirera sa reconnaissance. Deux planteurs de la Guadeloupe ont suivi cette méthode;

ils perdaient beaucoup de Nègres, ils n'en perdent plus; ils faisaient peu de revenus, aujourd'hui, leurs récoltes sont abondantes.

Pour préparer l'Esclave à la jouissance de la liberté, il faut relever son être à ses propres yeux, en lui inculquant de sages principes de religion et d'ordre social. Jusqu'à ce jour, les prêtres catholiques, complices en Europe de l'absolutisme des rois, ont été aux îles les auxiliaires des iniquités des blancs; c'est merveille de voir comme ils ont assoupli à la tyrannie manufacturière des planteurs la religion du Christ, dont la mission fut d'établir l'égalité et d'abolir l'Esclavage. Le clergé colonial ne fait rien pour alléger les fers des Esclaves, il les laisse s'accoupler au hasard comme des brutes; mais si le Nègre était soumis au mariage, cette cérémonie diminuerait sa dégradation à ses propres yeux; son maître ne lui ravirait pas une épouse légitime aussi facilement qu'il lui ravit une simple concubine, et il éviterait ainsi les conséquences souvent si terribles de la jalousie du Nègre.

Je me résume, en faisant observer que l'esclavage chez les puissances barbaresques est beaucoup moins inhumain que l'esclavage dans nos colonies. J'en appelle au Dey d'Alger, qui, n'étant plus souverain, peut entendre et dire la vérité. Je ne doute point qu'après s'être fait lire cet écrit, dont je lui adresse un exemplaire, il ne soit touché du sort d'individus qui ont avec lui une communauté d'origine.

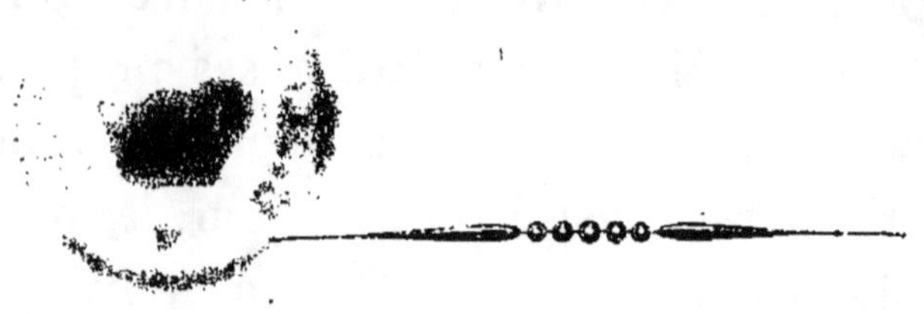

P. S. Au moment de mettre sous presse, les plus sinistres nouvelles arrivées de la Guadeloupe, et surtout de la Martinique, ajoutent encore, s'il est possible, à la gravité de la situation des colonies. A la Guadeloupe, les hommes de couleur, voulant jouir de l'égalité proclamée par les ordonnances novembre et de février, se sont présentés dans des cafés: ils en ont été chassés avec outrage, de là des voies de fait, et le sang a coulé. A la Martinique, un digne magistrat et un fonctionnaire public, tous deux venus de la métropole, ont été brutalement embarqués, et envoyés en france, pour y rendre compte de leur conduite. Croirait-on que le seul fait qui leur soit imputé à crime, est d'avoir admis à leur table d'estimables négocians et propriétaires, hommes de couleur. Le procureur-général qui a sévi contre eux, est ce même M. Dessales, cité dans cet écrit, et si digne de figurer à côté des Laubardemont et des Fouquier-Tinville. Dans son réquisitoire, il reproche au magistrat, objet de sa fureur, d'avoir mis sa conduite en harmonie avec la loi. Selon lui, bien que *l'égalité légale soit éta-blie en principe, les mœurs n'ont pas encore été modifiées par ce principe.* A qui appartient-il donc, si ce n'est à des magistrats, de faire passer dans les mœurs ce qui est écrit dans la loi ?